EL DRAGÓN DEL TRASERO EN LLAMAS

¡EN NAVIDAD!

UN CUENTO FESTIVO ABRASADOR

Era Nochebuena y en toda la casa,
no había criatura despierta, no se oía ni una brasa.

Los calcetines colgaban de la chimenea con cuidado,
brillando a la espera de que el regalo fuera agregado.

Los adultos dormían acurrucados en sus camas calentitos,
y en sus sueños los muñecos de nieve y la Luna daban giros.

Y yo con mi pijama y mi osito abrazando,
me preparaba para la luz ir apagando.

Cuando de repente oí un ruido extraño,

como el tintineo de las campanas

o los juguetes de este año.

Corrí hacia la ventana y suspiré con sorpresa
ante la mágica visión que me quedó impresa.

El mismo Santa Claus, vestido de rojo,
con una barba ondeante que casi le tapa un ojo.
Y un trineo cubierto de estrellas que atravesaba el cielo…

Con un reno con forma de dragón
muy por encima del suelo.

Espera.

¿Acabo de decir dragón? Eso no parece muy certero.
¿Y cómo puede ser que Santa se parezca más a un caballero?

—¡SORPRESA! –gritó Dragón–. ¡Somos yo y *sir* Wayne!
Santa no puede venir, se ha quedado en Baréin.

Pero no te preocupes, que estás en manos de los mejores.
Conocemos todos los trucos de Santa. ¡Somos sus mayores seguidores!

Entonces el trineo chocó contra un seto y el caballero gritó intranquilo:
—¡Aterrizaje de emergencia! ¡Dragón, HAZLO CON ESTILO!

Un arbusto ATRAVESARON y contra un árbol se ESTRELLARON.

Luego un cobertizo DESTROZARON…

y con sólo un esquí
se QUEDARON.

Los regalos iban de un lado a otro disparados.
Y todos chocaron contra la pared con un…

Bajé corriendo las escaleras arrastrando a Osito,
pero Dragón y Caballero en la nieve habían hecho caminito.

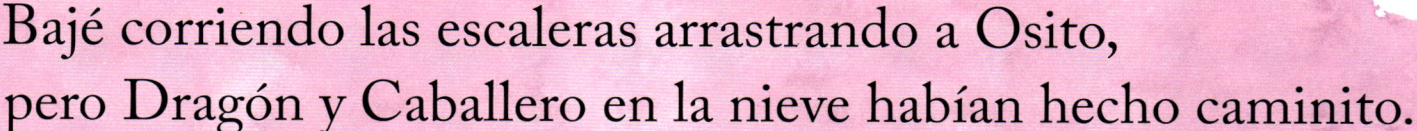

—No temáis –dijo *sir* Wayne–. Ha sido sólo un pequeño
despiste. ¡El resto de la noche será la perfección navideña,
no hay que estar triste!

—Somos terribles con las guirnaldas y los árboles
son nuestra especialidad, podemos colgar todas
las estrellas y brillos con facilidad.

Nuestra purpurina es preciosa, nuestras luces, encantadoras.

Tenemos adornos, lazos y campanillas muy reveladoras.

Incluso podemos hacer aperitivos y servir la cena.

Este pastel de chocolate con coles vale mucho la pena.

Nuestra selección, embalaje y envoltorios son lo máximo.
No hay otro par con más estilo para llenar un calcetín clásico.

Todos nuestros regalos son perfectos.   Y cada regalo es el adecuado.

—¡Nadie prepara la Navidad como Dragón y Caballero!

Luego *sir* Wayne levantó la mano:
—Pero aún no hemos acabado.

Es hora de terminar con algo
que nunca os ha pasado.

Y alcanzó su saco para sacar
una pieza de carbón.

Y la pasó a Dragón, que la
engulló como un bombón.

En algún lugar de su interior, el carbón se prendió,
y el vientre de Dragón dorado se volvió.

—¡Todos a bordo! —gritó Wayne, y salieron rugiendo de la habitación
con un espectáculo imparable, admirable e inevitable…

—¡Yupi! —animó *sir* Wayne—. Esto es lo que ahora necesitamos.
Una Navidad que el doble de rápido os entregamos.

No hay nada en esta vida ni la mitad de divertido
¡que ir alrededor del mundo con cohete que el
trasero ha producido!

Y mientras los perdíamos de vista en esa llama deslumbrante,

vi a Dragón guiñar un ojo y le oí exclamar algo importante:

—Feliz Navidad a todos y que tengáis una noche despampanante, que vuestros calcetines estén llenos y vuestros traseros tiren llamas brillantes.

Para mamá y papá

Eʟ ᴅʀᴀɢóɴ ᴅᴇʟ ᴛʀᴀsᴇʀᴏ ᴇɴ ʟʟᴀᴍᴀs ¡ᴇɴ Nᴀᴠɪᴅᴀᴅ!
Texto e ilustraciones: *Beach*

1.ª edición: noviembre de 2025

Título original: *The Dragon with the blazing bottom at Christmas!*

Traducción: *Júlia Gumà*
Maquetación: *Carol Briceño*
Corrección: *Sara Moreno*

© 2025, Ediciones Obelisco, S. L.
(Reservados los derechos para la lengua española)

Edita: Picarona, sello infantil de Ediciones Obelisco, S. L.
Collita, 23-25. Pol. Ind. Molí de la Bastida
08191 Rubí - Barcelona
Tel. 93 309 85 25
E-mail: picarona@picarona.net
www.picarona.net

ISBN: 978-84-9145-765-7
DL B 12474-2024

Printed in China